AF382919

JOHN LOCKE

De la tolérance religieuse au libéralisme,
une pensée philosophique moderne

Par Benoît Lefèvre

50MINUTES.fr

JOHN LOCKE

INTRODUCTION

Philosophe et homme de science, John Locke côtoie les plus grands savants anglais du XVIIe siècle. C'est toutefois à ses réflexions en matière de philosophie politique qu'il consacre le plus clair de son temps et qu'il doit sa grande renommée.

S'inspirant de travaux effectués par ses prédécesseurs, tels que Thomas Hobbes (philosophe anglais, 1588-1679) et René Descartes (physicien et philosophe français, 1596-1650), c'est en partant de l'empirisme que John Locke élabore toutes ses pensées. Il développe une philosophie selon laquelle les sens et l'expérience sont à l'origine de toutes les connaissances du monde. Ce n'est donc que sur base de cet empirisme que l'être humain peut développer, dans un deuxième temps, sa raison qui elle-même permet d'appréhender des idées complexes.

En outre, les troubles politiques et religieux qui marquent son époque et qu'il vit de près l'amènent à envisager une nouvelle conception du pouvoir, qui serait exercé par le peuple et pour le peuple. Il milite également pour la séparation de l'Église et de l'État, ainsi que pour la tolérance religieuse. Ses réflexions s'élaborent avec le temps, et c'est pour ainsi dire coup sur coup qu'il publie ses œuvres majeures que sont sa *Lettre sur la tolérance* (1689), ses *Deux traités du gouvernement civil* (1689) et son *Essai sur l'entendement humain* (1690). John Locke développe ainsi une pensée dont l'influence n'a d'égale que celle de Platon (philosophe grec, 427-348/347 av. J.-C.) et qui constitue encore aujourd'hui la base de nos systèmes politiques et du libéralisme.

DONNÉES CLÉS

- **Naissance ?** Le 29 août 1632 à Wrington (comté de Somerset, Angleterre).
- **Décès ?** Le 28 octobre 1704 à Oates (comté d'Essex, Angleterre).
- **Contexte ?** La révolution anglaise et les guerres civiles (1642-1689).
- **Apports majeurs ?**
  - L'empirisme.
  - La théorie du contrat social.
  - Le libéralisme.
  - La séparation de l'Église et de l'État.
  - La distinction des trois pouvoirs (exécutif, législatif et fédéral).

BIOGRAPHIE

UN GOÛT POUR L'ÉRUDITION

John Locke naît le 29 août 1632 à Wrington, près de Bristol, où il passe son enfance. Sa famille, puritaine et protestante, appartient à la toute petite noblesse. Son père, un petit propriétaire terrien, est avocat. Quant à son grand-père, il est commerçant de tissu. Locke reçoit une éducation stricte et austère. En 1647, il entre à la prestigieuse Westminster School, dans le centre de Londres, grâce à l'influence d'Alexander Popham (homme politique et parlementaire anglais, 1605-1669), sous les ordres duquel son père a servi durant la première guerre civile (1642-1646). Il y apprend les langues anciennes, dont l'hébreu, réservé aux meilleurs élèves de l'établissement. Mais il ne s'y plaît que fort peu.

En 1652, une nouvelle fois avec l'appui d'Alexander Popham, Locke obtient une bourse pour étudier à la Christ Church de l'université d'Oxford, en vue de devenir pasteur. Il n'apprécie cependant pas l'enseignement qu'il y reçoit et se passionne davantage pour les sciences nouvelles que sont la physique, l'astrophysique ou encore les mathématiques. Mais c'est la médecine qui éveille le plus son intérêt et qu'il étudie désormais assidûment. John Locke se révèle un véritable intellectuel, curieux, qui, toute sa vie durant, se concentrera plus volontiers à l'étude qu'à toute autre chose.

Durant la première moitié des années 1660, il occupe par ailleurs des fonctions d'enseignant à la Church School, en tant que professeur de grec, de rhétorique et de philosophie morale.

LES DÉBUTS D'UN COMBAT POLITIQUE

Entre-temps, en 1659, il rédige une lettre dans laquelle il proteste contre une trop large tolérance religieuse et s'insurge contre les catholiques, qui obéissent à la fois à l'Église et à l'État. Il se ravisera pourtant suite à un voyage diplomatique entamé fin 1665 dans l'État de Brandebourg (en Allemagne actuelle), au cours duquel il observera qu'un mélange pacifique de cultes est non seulement réalisable, mais aussi bénéfique.

En 1666, il entre en contact avec Lord Anthony Ashley Cooper (1621-1683), nommé comte de Shaftesbury en 1672, dont il devient un ami intime. Locke officie pour lui en tant que médecin personnel et conseiller politique à partir de 1667. Lord Ashley s'oppose fortement à la politique menée par le roi d'Angleterre Charles II (1630-1685), dont il est le chancelier. Selon lui, la persécution religieuse divise la nation, pousse à l'émigration et nuit au commerce. Locke est attentif à ces idées et rédige, à la demande de son mentor, son *Essai sur la tolérance* (1667), sorte d'ébauche de sa future *Lettre sur la tolérance*. Il amorce ainsi ses réflexions sur des questions politiques et religieuses qui tourmentent l'Angleterre et publie des écrits par le biais desquels il proteste contre la prédominance de la religion. Il entre également en contact avec des théologiens qui prônent la liberté de culte et qui façonneront ses idées.

DES SÉJOURS FORMATEURS À L'ÉTRANGER

John Locke séjourne à deux reprises en France, principalement pour des raisons de santé. Il est en effet atteint d'une affection pulmonaire, souffrant probablement d'asthme et de bronchites chroniques. Ces voyages sont l'occasion pour lui de s'ouvrir aux débats philosophiques qui animent le pays.

De retour en Angleterre, il regagne Oxford où il étudie la philosophie, la science politique et la médecine. Peu de temps après, le roi le fait surveiller, car il suspecte son ami Ashley de vouloir le renverser. Ses craintes se révèlent justifiées : ce dernier a fomenté un coup d'État dans le but de changer l'ordre de succession au trône et d'en écarter le futur roi Jacques II (1633-1701). Mais le complot est finalement découvert et il est condamné à l'exil en 1683. Alors que rien ne peut lui être reproché, John Locke craint tout de même des représailles et décide, en 1684, de s'exiler préventivement dans les Provinces-Unies (les Pays-Bas actuels). Il y admire le niveau de liberté et découvre les bienfaits de la tolérance religieuse qui influencera fortement ses réflexions philosophiques. Il y vit sous une fausse identité, Jacques II ayant récemment exigé son extradition.

LES DERNIÈRES ANNÉES

Locke ne revient en Angleterre qu'en février 1689, une fois la monarchie parlementaire établie. Devenu commissaire royal, c'est-à-dire ministre, il est principalement en charge d'affaires religieuses, politiques et économiques. Il n'exerce cette fonction que peu de temps, préférant se consacrer pleinement à ses réflexions philosophiques. Mais, dès 1691, sa santé se dégrade progressivement. Il quitte alors la scène politique et se retire à Oates (au nord-est de Londres) pour y passer les dernières années de sa vie. Au cours de l'été 1704, son état décline considérablement. Il décède, assis dans son bureau, le 28 octobre 1704, et est enterré trois jours plus tard à High Laver, dans le cimetière de l'église paroissiale.

CONTEXTE

L'ANGLETERRE AU XVIIE SIÈCLE

Jusqu'à la fin du XVIIe siècle, l'Angleterre n'occupe pas encore la place prépondérante qu'elle aura par la suite sur la scène internationale, bien qu'elle compte quelques grands noms, tels que William Shakespeare (dramaturge anglais, 1564-1616) et Francis Bacon (homme d'État et philosophe anglais, 1561-1626). Que ce soit sur le plan économique ou intellectuel, les nations continentales, à commencer par le Portugal, l'Espagne, la France et, surtout, les Provinces-Unies, alors en pleine émergence, dominent l'Angleterre. Le royaume insulaire n'en connaît cependant pas moins le développement d'une élite scientifique dès le dernier tiers du siècle. En 1662, la Royal Society, destinée à promouvoir les sciences, est fondée. John Locke y entrera quelques années plus tard. En 1676, c'est au tour de l'observatoire de Greenwich de voir le jour. En 1682, Edmond Halley (astronome et physicien anglais, 1656-1742) étudie une comète qui fut déjà observée en 1531 et 1607 et dont il prédit un retour en 1757 ou 1758. Quatre ans plus tard, Isaac Newton (physicien, astronome et mathématicien anglais, 1642-1727) publie sa théorie de la gravitation universelle dans ses *Principes mathématiques de la philosophie naturelle* (1687).

Le contexte religieux est tout aussi bouillonnant. En Angleterre, le chef de l'Église n'est pas le pape, mais le roi, depuis le schisme voulu par ce dernier. En 1527, le roi Henri VIII (1491-1547) avait en effet demandé au pape d'annuler son mariage avec Catherine d'Aragon (1485-1536), car elle ne lui donnait pas d'héritier mâle. Le pape ayant refusé, Henri VIII s'est séparé de l'Église catholique en 1531 et a fondé l'Église anglicane dont il s'est autoproclamé chef suprême. La religion s'est dès lors vue soumise à l'État. Tout en conservant des éléments du culte catholique (hiérarchisation de l'Église, culte des saints, etc.), les successeurs d'Henri VIII ont progressivement intégré à l'anglicanisme des pratiques protestantes (abandon du célibat des pasteurs et de certains sacrements, simplification de l'accès aux écritures sacrées, notamment).

L'ÉMERGENCE DU PARLEMENT

Au Moyen Âge, le rapport féodal entretenu entre le souverain et son vassal oblige ce premier à consulter le second pour obtenir son avis, notamment sur les questions financières. C'est dans ce but que le roi convoque ses vassaux en une assemblée consultative. Celle-ci se mue progressivement en Parlement, institution qui se stabilise aux XVe et XVIe siècles.

Au début du XVIIe siècle, le roi Jacques Ier (1566-1625) entre en conflit avec le Parlement anglais dans plusieurs domaines. À la fois roi d'Angleterre et roi d'Écosse, celui-ci veut en effet fusionner ces deux territoires pour qu'ils ne forment plus qu'une seule entité, ce que les Parlements écossais et anglais refusent catégoriquement. Mais en tant que monarque absolu de droit divin, Jacques Ier n'accepte pas cette résistance.

LA MONARCHIE ABSOLUE DE DROIT DIVIN

Durant le Moyen Âge et les Temps modernes, l'Europe est dominée par des monarques absolus de droit divin. Cela signifie qu'ils détiennent sur leurs sujets tous les pouvoirs, ou du moins une grande partie d'entre eux. À cette époque, deux types de pouvoirs coexistaient : le pouvoir spirituel, aux mains des dirigeants religieux, et le pouvoir temporel, incarné par les souverains. Ce dernier est légitime, car il suit la volonté de Dieu, ce qui confère également aux monarques une forme de pouvoir spirituel.

Parallèlement à cela, Jacques Ier conclut la paix avec l'Espagne, contre laquelle la piraterie était exercée et autorisée. Le pillage des navires espagnols qui faisaient commerce avec les colonies constituait alors une source financière importante. C'est pourquoi la décision ne plaît guère au Parlement qui refuse de donner son aval, pourtant nécessaire pour la levée d'impôts.

Ces tensions ne s'apaisent guère sous le règne de son successeur, Charles Ier (1600-1649). En effet, ce dernier décide en 1629 de lever un nouvel impôt sans consulter le Parlement. Les événements tournent à la guerre civile au cours des années 1640. Elle oppose les royalistes, qui prônent un pouvoir fort dans les mains du roi, aux parlementaristes, dirigés par Oliver Cromwell (1599-1658), qui sont favorables à une diminution de la puissance de celui-ci au profit d'un Parlement représentatif du peuple.

En 1649, le Parlement anglais décide d'instaurer une procédure dite d'*Impeachment* à l'encontre de Charles Ier, qui consiste en principe à juger de proches collaborateurs du roi. Son application à la personne royale provoque de vives réactions en Europe, où la monarchie absolue de droit divin domine, puisqu'elle revient à s'élever contre la volonté de Dieu.

Mais rien n'y fait, le processus est lancé. Après l'exécution de Charles Ier, le 30 janvier 1649, Olivier Cromwell, autoproclamé lord-protecteur du Commonwealth, abolit la monarchie, instaure une république et établit une constitution écrite en 1653. L'on voit alors apparaître une politique très autoritaire et intolérante à l'égard des catholiques. Cromwell règne en souverain et va même jusqu'à désigner son fils comme successeur. La coupe est pleine pour le Parlement, qui s'en désolidarise et restaure la monarchie en 1662 en rappelant l'héritier légitime du roi, Charles II.

Malgré le rétablissement de la monarchie, les tensions subsistent. La famille royale reste aigrie à l'égard du Parlement, le tenant responsable de la mort de Jacques Ier, et à l'encontre des anglicans, qui ont persécuté les catholiques.

LES PREMIERS PAS DE LA DÉMOCRATIE PARLEMENTAIRE

Une nouvelle fois, le Parlement sort vainqueur des tensions qu'il entretient avec la royauté. En effet, à l'issue de la Glorieuse Révolution (1688-1689), il édicte le *Bill of Rights*, visant à faire abdiquer Jacques II, qui a succédé à son frère Charles II, en faveur de sa fille Marie II Stuart (1662-1694). Cette dernière détient la confiance du Parlement, car elle est mariée à un protestant, Guillaume III d'Orange (1650-1702), qui bénéficie d'ailleurs du soutien de John Locke. C'est par la signature de ce texte en février 1689 qu'ils accèdent au trône. D'une importance fondamentale, le Bill of Rights dresse des principes visant à établir un nouveau régime, la démocratie parlementaire, qui reconnaît au peuple certains droits fondamentaux, limite le pouvoir royal et exige le consentement du Parlement pour que le roi puisse lever des taxes. Il s'apparente à un véritable contrat entre le souverain et le Parlement, qui représente le peuple qui l'a élu. Il s'inspire d'ailleurs sans conteste des idées promues par John Locke dans ses *Deux traités sur le gouvernement civil*.

Cette longue période de troubles que connaît l'Angleterre durant le XVIIe siècle est propice au développement de réflexions politiques. Nombre de penseurs tentent en effet d'élaborer des théories afin de mettre en place une nouvelle forme de pouvoir dans laquelle le peuple ne serait plus soumis à l'absolutisme d'un roi tenant sa légitimité de la volonté divine. Thomas Hobbes en est un bon exemple. En 1651, il rédige *Le Léviathan*, dans lequel il compare la monarchie à une créature biblique possédant plusieurs têtes, ne pouvant survivre que si l'une d'entre elles prend les décisions. Le roi incarne cette tête pensante, qui tire sa légitimité non pas de Dieu, mais de la transmission des pouvoirs des autres. Selon Hobbes, cette délégation est définitive et irréversible. Ainsi, même si le roi mène une politique jugée mauvaise, il ne peut être renversé. John Locke tentera d'établir des limites à ce pouvoir absolu défini par son prédécesseur.

LES THÉORIES POLITIQUES DE JOHN LOCKE

UNE *TABULA RASA* COMME POINT DE DÉPART

John Locke établit un principe selon lequel l'esprit de l'être humain s'apparente à une feuille blanche, dépourvu de toute idée préconçue. Cette table rase (ou *tabula rasa*) se remplit progressivement grâce à l'expérience qui elle-même provient de deux sources : elle est soit perçue par les sens, soit conçue par la réflexion, et donc par l'esprit humain.

Partant de ce principe, John Locke tente de concevoir un nouveau système politique qui mettrait le peuple en avant. Ainsi, tout comme Thomas Hobbes, il établit une théorie bâtie sur la succession de deux états distincts de la société.

L'ÉTAT DE NATURE ET L'ÉTAT CIVIL

John Locke s'inspire de théories établies par des Néerlandais, en particulier celles d'Hugo de Groot, dit Grotius (1583-1645), qu'il a étudiées lors de son exil dans les Provinces-Unies au cours des années 1680. John Locke considère que les hommes vivent à l'origine dans un état de nature, c'est-à-dire dans une communauté qui n'est pas encore organisée par un pouvoir politique. Ils vivent en état de liberté et d'égalité, de valeur et de droit, que Dieu leur a donné, au même titre que tout ce que contient la Terre. Pour Hobbes, cela mène à l'absence totale de règles et à un état de guerre permanent dans lequel chacun cherche à préserver sa vie aux dépens de celle des autres. À l'inverse, John Locke rejoint une thèse élaborée par Grotius selon laquelle une loi morale naturelle s'impose aux hommes. Elle constitue la seule limite à leur existence.

Le droit de propriété, au sens large, constitue l'élément essentiel de ce droit naturel. Il doit s'appliquer à tous, sans distinction aucune. Chacun est propriétaire à titre individuel de son corps et de ce qui lui assure sa préservation, c'est-à-dire ce qu'il obtient par le travail. Il a donc le droit de protéger son existence, sa liberté ainsi que ses biens personnels, à condition de respecter l'existence d'autrui. Or, c'est sur ce dernier point que le bât blesse. Chacun peut punir celui qui lui nuit, et violer ainsi cette loi naturelle, ce qui n'est pas sans poser problème. En effet, en raison de l'amour-propre qui anime chacun, les hommes se montrent partiaux, agissant toujours pour leur propre bien ou pour celui de leurs proches. Une forte insécurité règne donc dans cet état de nature, car il n'existe aucune instance pour juger de manière impartiale le non-respect du droit naturel de chacun.

LA PROPRIÉTÉ

Le terme « propriété » vient du latin *proprietas*, qui désigne « ce qui est propre, le caractère spécifique » (« Les maîtres de la raison. Les textes fondamentaux », in *Le Point. Références*, n° 41, p. 44). John Locke conçoit la notion de propriété dans un sens très large. Ainsi, selon le philosophe anglais, l'homme est propriétaire de sa personne et de sa vie, comme il peut l'être de n'importe quel objet. En effet, il tire son identité, son caractère spécifique, dans ce qu'il possède, c'est-à-dire sa conscience, ses sensations corporelles, ses idées, sa mémoire, etc.

Pour pallier cette insécurité, les individus choisissent implicitement de se mettre d'accord à travers un contrat social pour se constituer en une société et passer à l'état civil. Ce pacte doit se conclure librement ; nul ne peut être contraint de sortir de l'état de nature. En l'approuvant, chacun renonce en quelque sorte à ses prérogatives pour les déléguer à une instance civile jugée plus impartiale et plus efficace. Pour ce faire, l'ensemble des individus formant cette communauté politique instaure, par le biais d'élections, un pouvoir politique chargé de défendre la propriété et les différents droits de chacun. Les mandataires sont donc chargés, d'une part, d'établir les lois qui protégeront les individus, et, d'autre part, d'utiliser la force nécessaire pour punir ceux qui mettent la société en danger en enfreignant les règles. Les peines qui en découlent peuvent aller jusqu'à la mort. L'idée est que les décisions prises par les mandataires sont celles de chaque individu, étant donné qu'ils en sont les représentants.

Ainsi, le Parlement détient le pouvoir législatif alors que l'exécutif revient au monarque. John Locke innove sur ce point en jetant les bases de l'idée de séparation des pouvoirs. Toutefois, en tant que source unique du pouvoir politique, le peuple possède un droit de résistance qu'il peut exercer si ses gouvernants venaient à abuser des pouvoirs qui leur sont conférés. Le peuple peut ainsi renverser le Gouvernement par la force et établir un nouveau régime. Concrètement, dans le cas de l'Angleterre, ce droit de résistance peut s'appliquer :

- si le roi use de l'arbitraire au détriment des lois ;
- s'il interdit à l'Assemblée législative d'exercer son pouvoir en toute liberté ;
- s'il empêche le peuple de choisir un ou plusieurs représentants ;
- si le roi ou le Parlement place le peuple sous la domination d'une puissance étrangère ;
- si l'un des deux pouvoirs agit au mépris de son rôle de protection de la propriété de chacun ;
- si l'exécutif se révèle incapable de faire respecter les lois.

John Locke ose par conséquent donner de la légitimité à une forme de rébellion, selon des circonstances bien précises. Il se démarque ainsi de ses prédécesseurs, qui ont toujours fait preuve de méfiance envers tout ce qui pourrait déstabiliser l'ordre social. Même Voltaire (1694-1778) et Jean-Jacques Rousseau (1712-1778), que John Locke a tant inspirés, n'auront pas cette audace.

LA PROPRIÉTÉ ET LA CAPITALISATION DES MARCHANDISES

Comme on l'a vu, la propriété constitue un élément fondamental de la pensée de Locke. L'homme s'approprie ses biens par le travail. Il en ressort que la propriété privée prend le pas sur la propriété collective. D'autant plus que, parmi les biens utilisés, ceux provenant directement de la nature occupent une place infime au regard de ceux produits par l'homme. C'est donc le travail qui crée la plupart des richesses, qui elles-mêmes appartiennent à des propriétaires privés. Cette appropriation des biens reste légitime si les excédents sont ensuite redistribués, d'une manière ou d'une autre, à une tierce personne, afin de l'aider à satisfaire ses besoins. Mais, toujours selon Locke, il est normal que si le riche donne le fruit de son travail à autrui, il en obtienne une compensation, d'où l'intérêt d'un échange.

C'est ainsi que Locke justifie la nécessité de la monnaie, objet en soi inutile à la vie, à l'inverse des vêtements ou de la nourriture. Contrairement aux denrées alimentaires, elle n'est pas périssable, et l'homme peut donc la garder aussi longtemps qu'il le souhaite sans qu'elle ne se détériore. Il peut donc en accumuler plus que nécessaire. Aussi, certains n'hésitent guère à s'en approprier de manière disproportionnée, créant de fortes inégalités entre les individus. Avec cette pensée, John Locke résume très brièvement l'histoire du capitalisme. Cette théorie sera bien plus largement développée par Thomas Robert Malthus (économiste britannique, 1766-1834) au siècle suivant.

Par ailleurs, à l'époque de Locke, on pense que la terre est suffisamment vaste pour que chacun puisse s'approprier une parcelle et la cultiver pour se nourrir. Il suffit donc, en cas de besoin, de se déplacer. Ce sentiment est conforté par la colonisation de l'Amérique du Nord, qui offre d'immenses terres encore inexploitées. John Locke bouleverse toutefois cette idée d'abondance éternelle, constatant le développement progressif de la population et les progrès de l'industrie, qui induisent des besoins de plus en plus importants.

LA LETTRE SUR LA TOLÉRANCE OU LA SÉPARATION DE L'ÉGLISE ET DE L'ÉTAT

Puisant dans son *Essai sur la tolérance* rédigé en 1667, John Locke rédige la *Lettre sur la tolérance* (1689) qui constituera un ouvrage de référence sur la question de la séparation de l'Église et de l'État. S'il commence la rédaction de cette œuvre en 1685, durant son exil dans les Provinces-Unies, ce n'est pas un hasard. La même année, Louis XIV (1638-1715) révoque l'édit de Nantes, qui jusque-là autorisait les protestants à pratiquer leur culte en France. À moins d'abjurer leur religion, ceux-ci se voient contraints à l'exil, et nombre d'entre eux s'installent dans les Provinces-Unies. La question de l'intolérance religieuse touche également l'Angleterre puisque Jacques II, profondément catholique, persécute également les protestants. John Locke se sent donc particulièrement concerné par cette problématique.

Inspiré entre autres par le philosophe néerlandais juif Spinoza (1632-1677), Locke élabore une théorie qui propose de séparer l'Église et l'État. Il défend la liberté de chacun d'exercer publiquement son culte, car, selon lui, l'État ne peut intervenir dans la foi des hommes. Son rôle doit en effet se cantonner à la préservation des droits de chacun et à l'imposition de peines à ceux qui enfreignent les lois. L'Église, elle, se charge du salut des âmes et peut donc menacer les contrevenants par des condamnations qui s'affligeront après la mort, mais pas au cours de la vie terrestre ; au pire peut-elle excommunier un individu de sa communauté de fidèles. La véritable foi, souligne Locke, est quelque chose de beaucoup trop personnelle et intime pour être altérée par la contrainte ou par toute forme de punitions.

LES DEUX TRAITÉS DU GOUVERNEMENT CIVIL OU LA DISTINCTION DES POUVOIRS

En 1689, John Locke publie anonymement son œuvre majeure, *Deux traités du gouvernement civil*, dans laquelle il développe une réflexion sur les droits des individus, leur liberté, la propriété et la rébellion. La première partie s'attache à déconstruire les principes de la monarchie héréditaire de droit divin. Ce texte répond à *Patriarcha*, l'œuvre posthume de Robert Filmer (philosophe anglais, 1588-1653) publiée en 1680, défendant l'absolutisme et soutenant que les monarques sont les successeurs d'Adam et que leurs droits divins trouvent leur origine dans les textes bibliques.

Dans la seconde partie, John Locke analyse le fondement de la légitimité du pouvoir gouvernemental. Il soutient que les êtres humains obéissent non pas à un homme ou à un groupe, mais bien à des lois. Celles-ci ne peuvent être arbitraires et doivent assurer à la fois le bien commun et la liberté de chacun. Amenant l'idée de séparation des pouvoirs, il conçoit donc que le législatif est le pouvoir suprême. Le pouvoir exécutif, quant à lui, est chargé de mettre en place les moyens pour appliquer ces lois. John Locke distingue un troisième et dernier pouvoir, fédéral, qui concerne les relations extérieures, les affaires étrangères.

Selon Locke, le Gouvernement ne trouve sa légitimité que s'il respecte cette distinction entre les trois pouvoirs.

L'ESSAI SUR L'ENTENDEMENT HUMAIN OU LA NAISSANCE DES IDÉES

En 1690, John Locke publie l'*Essai sur l'entendement humain*, dans lequel il tente de développer une pensée justifiant la tolérance religieuse et philosophique.

Opposé à toute pensée dogmatique, John Locke est convaincu que les certitudes sont aussi rares que limitées. C'est ce qu'il tente de démontrer dans son essai. Dans un premier temps, il explique que l'entendement, soit la partie de l'esprit humain permettant de saisir le monde qui nous entoure, transforme en idées les différentes informations que l'esprit reçoit. C'est à partir de ces dernières qu'il établit des certitudes. Il faut toutefois rester conscient du fait que des erreurs peuvent survenir vu que l'entendement humain est basé sur les perceptions. C'est pourquoi il est nécessaire d'opérer une distinction entre la nature réelle des choses – ce qu'elles sont –, c'est-à-dire la qualité, et leur apparence – la manière dont on les perçoit, l'idée qu'on en a –, c'est-à-dire l'idée. Il s'agit là d'un principe fondamental qui est à la base de la philosophie moderne.

John Locke aborde également la question de la conscience de soi. Il reprend le *cogito ergo sum* (« je pense donc je suis »), principe développé par Descartes selon lequel avoir des pensées dont on est conscient prouve que l'on existe. Mais Locke pousse plus loin la réflexion. En effet, selon le philosophe anglais, un individu ne pense pas tout le temps et n'est dès lors pas toujours conscient. Si bien que l'homme ne peut être tenu responsable que des actes qu'il commet consciemment. Par une telle démonstration, Locke définit l'être humain en tant qu'individualité et non par rapport à un groupe. C'est pourquoi on peut affirmer qu'il est à l'origine de l'individualisme moderne – qui ne se contente pas de définir l'homme en tant que membre d'un groupe social –, même si l'inconscient, que l'on retrouvera plus tard chez Leibniz (1646-1716) et Sigmund Freud (1856-1939), est un concept encore peu développé dans sa réflexion.

Dans cet ouvrage, Locke tente également de déconstruire l'innéisme, une théorie chère à Descartes selon laquelle certaines idées ne sont pas acquises, mais s'imposent à l'esprit humain car elles sont présentes dès la naissance. Pour John Locke, la connaissance s'acquiert principalement à partir de l'expérience de l'individu dans le monde qui l'entoure. Il pousse sa réflexion jusqu'à s'interroger sur l'innéité de l'existence de Dieu. Pour ce faire, il reprend une théorie de Descartes selon laquelle les idées de l'homme proviennent de Dieu qui sert de référence.

Cet ouvrage connaît un succès important en Europe, en particulier grâce à la traduction française réalisée en 1700 par Pierre Coste (1668-1747), un protestant exilé à Londres, et à Voltaire, qui s'en inspire pour dresser son analyse de l'esprit dans ses *Lettres philosophiques* (1734).

RÉPERCUSSIONS

L'EMPIRISME *VERSUS* L'ESSENTIALISME

À l'époque de John Locke, deux écoles s'affrontent quant à la manière de connaître le monde. La méthode empiriste, qu'il élabore, consiste à observer des cas particuliers en vue d'établir par la suite des généralisations. Bien que saluée et reprise par nombre de philosophes, cette philosophie est vivement critiquée par d'autres, qui lui préfèrent une approche opposée et plus traditionnelle, basée sur l'essence des choses, c'est-à-dire ce qui fait que ces dernières sont ce qu'elles sont. Il s'agit dans ce cas de formuler des hypothèses expliquant les causes des différents phénomènes. C'est ce qu'a fait Descartes.

Leibniz étudie attentivement l'*Essai sur l'entendement humain* et tente de correspondre avec John Locke. En vain. Il commence alors à rédiger en 1703 ses *Nouveaux essais sur l'entendement humain*, qui ne sera publié qu'en 1765, bien après la mort des deux penseurs. Il s'agit d'un dialogue fictif entre les deux philosophes, qui confrontent leurs thèses respectives, Leibniz étant, contrairement à Locke, favorable à une approche essentialiste de l'entendement.

LE LIBÉRALISME ÉCONOMIQUE

Aujourd'hui, l'on conçoit souvent le libéralisme comme un concept économique, mais John Locke en donne une définition bien plus large. En effet, il entend par libéralisme la volonté de préserver les droits et les libertés individuels de chacun. Si cette définition n'a plus réellement court aujourd'hui c'est notamment dû au philosophe et économiste écossais Adam Smith (1723-1790), qui a développé les aspects économiques du principe de libéralisme de John Locke. Selon celui-ci, la société existe grâce à un lien économique. Les hommes s'unissent non pas par la volonté commune de voir les droits et libertés individuels préservés comme le conçoit Locke, mais par l'échange de biens dont les hommes ont besoin. La société est donc régie par des lois économiques naturelles : l'offre et la demande. Ce marché économique doit fonctionner de lui-même. L'État ne peut en effet intervenir que pour garantir la propriété privée des moyens liés à la production, la liberté de travail, la concurrence et le libre-échange.

L'INFLUENCE DE JOHN LOCKE AUX ÉTATS-UNIS

La séparation des pouvoirs imaginée par John Locke se trouve à la base des constitutions des démocraties modernes, à commencer par celle des États-Unis. Son ombre plane incontestablement sur les premières années d'indépendance du jeune pays, plusieurs rédacteurs de la Déclaration d'indépendance (4 juillet 1776), dont Thomas Jefferson (1743-1826), étant des admirateurs du philosophe anglais.

Le deuxième article de la Déclaration reprend d'ailleurs certains principes développés par John Locke :

- l'égalité des hommes, qui jouissent de droits naturels inaliénables liés à la conservation de leur vie ;
- le consentement du peuple pour établir un gouvernement chargé de garantir ces droits ;
- le droit de résistance.

C'est d'ailleurs ce dernier point qui légitime l'indépendance des États-Unis. En effet, dès 1773, les treize colonies américaines appartenant à l'époque à l'Angleterre se désolidarisent du Parlement britannique à l'occasion de la Boston Tea Party, car elles s'estiment lésées par sa politique.

La Constitution américaine est complétée en 1789 par l'American Bill of Rights, qui garantit les droits et les libertés individuels, notamment en matière de propriété.

UNE PHILOSOPHIE REPRISE PAR LES LUMIÈRES

Les idées de John Locke inspireront fortement les philosophes français des Lumières. Sa philosophie empiriste, considérée comme un modèle de sagesse, est appréciée par les intellectuels de son temps, bien plus que la métaphysique de Descartes et celle de Leibniz. Jean-Jacques Rousseau reprend ses visions de liberté et d'égalité présentes à l'état naturel dans son *Contrat social* en 1762. Montesquieu (1689-1755) s'inspire également du philosophe anglais, en reprenant en 1748, dans *De l'esprit des lois*, les principes de séparation des pouvoirs, et en distinguant, comme Locke le fit, le législatif et l'exécutif, ainsi que le pouvoir judiciaire – et non plus fédéral. C'est cette conception des trois pouvoirs que l'on retrouve aujourd'hui dans toutes les démocraties modernes.

En 1789, c'est au tour des révolutionnaires français de s'inspirer très largement des idées de John Locke, à travers la Déclaration des droits de l'homme et du citoyen. Ils se réclament de Jean-Jacques Rousseau, sur qui l'influence du philosophe anglais s'avère incontestable. Les deux premiers articles rappellent ainsi les principes de droit naturel mis en avant un siècle plus tôt par John Locke :

> « Les hommes naissent et demeurent libres et égaux en droits. » (art. 1)
> « Le but de toute association politique est la conservation des droits naturels et imprescriptibles de l'homme. Ces droits sont la liberté, la propriété, la sûreté et la résistance à l'oppression. » (art. 2)

Le troisième article rappelle que « [l]e principe de toute souveraineté réside essentiellement dans la Nation », ce qui rappelle la communauté civile de John Locke. Quant à la loi, elle doit être « l'expression de la volonté générale [tous les citoyens ayant] droit de concourir personnellement ou par leurs représentants à sa formation » (art. 6). Le reste de la Déclaration reprend pour l'essentiel les idées de John Locke, en définissant les limites des pouvoirs, en particulier celles du législatif, afin de prévenir toute forme d'autoritarisme. C'est dire toute l'importance de cet homme résolument moderne !

EN RÉSUMÉ

- L'ensemble des réflexions philosophiques de John Locke repose sur l'empirisme. C'est en effet l'expérience de l'être humain qui se trouve, selon lui, à l'origine de la connaissance.
- John Locke est fortement influencé par son époque. Il élabore ses théories philosophiques afin de répondre aux problèmes qui se posent alors en Europe, et plus particulièrement en Angleterre.
- Pour apporter des réponses à ses questions, il se nourrit de sa propre expérience et des nombreuses rencontres qu'il a pu faire durant sa vie, en particulier à l'étranger, où il découvre notamment les bienfaits de la tolérance religieuse.
- John Locke participe à un double mouvement intellectuel, très fécond durant le dernier tiers du XVIIe siècle. D'une part, il s'inscrit dans une vague politique et scientifique qui amènera l'Angleterre à occuper une place prépondérante sur la scène internationale. D'autre part, il réagit à un courant philosophique européen

qui répond aux problématiques de l'époque, et recherche un nouveau système politique visant à distinguer religion et État, ainsi qu'à placer le peuple au centre du pouvoir.

- Il s'est également longtemps intéressé à la notion de liberté qu'il ne conçoit pas comme un droit absolu. Pour lui, il s'agit plutôt de ne pas être soumis au pouvoir arbitraire d'autrui, faisant de cette notion non pas un pouvoir, mais un rapport social. C'est donc le règne de la loi qui rend la liberté possible. Mais elle se doit de proscrire toute ambiguïté. C'est pourquoi elle doit être claire, générale – elle doit être universelle et ne pas révéler une volonté arbitraire envers quiconque –, non rétroactive, stable, publique – tout le monde doit pouvoir la connaître –, et égalitaire.
- Locke développe en outre une vision du capitalisme. Il est l'un des premiers penseurs à prendre conscience que les ressources de la planète sont limitées face au développement économique.
- John Locke eut un impact considérable sur notre société moderne. En effet, son concept de séparation des pouvoirs est à la base de toutes les démocraties modernes. De plus, ses

pensées ont influencé de nombreux penseurs, tels que Voltaire, Jean-Jacques Rousseau ou encore Leibniz.

Votre avis nous intéresse !
Laissez un commentaire sur le site de votre
librairie en ligne et partagez vos coups de cœur sur
les réseaux sociaux !

POUR ALLER PLUS LOIN

SOURCES BIBLIOGRAPHIQUES

- BRABANDERE (Luc de) et DEPREZ (Stanislas), « John Locke », in *La Libre Belgique*, 18 décembre 2007, p. 27.

- BRYKMAN (Geneviève), « Locke (John) », in *Encyclopædia Universalis. Corpus*, t. 14, Paris, Encyclopædia Universalis, 2008, p. 632-635.

- COTTRET (Bernard), *Histoire d'Angleterre XVIe-XVIIe siècle*, Paris, PUF, 2003.

- LAZZERI (Christian), « Locke (1632-1704) : bonheur et obligation morale », in *Histoire raisonnée de la philosophie morale et politique*, vol. 1, Paris, Flammarion, 2007, p. 431-446.

- « Les maîtres de la raison. Les textes fondamentaux », in *Le Point. Références*, n° 41, septembre-octobre 2012.

- MARX (Roland) et CHASSAIGNE (Philippe), *Histoire de la Grande-Bretagne*, Paris, Perrin, 2004.

- MILTON (J. R.), « John Locke », in *Oxford Dictionary of National Biography*, vol. 34, New York, Oxford University Press, p. 216-228.

- MORFAUX (Louis-Marie) et LEFRANC (Jean), *Nouveau vocabulaire de la philosophie et des sciences humaines*, Paris, Armand Colin, 2007.

- NEMO (Philippe), *Histoire des idées politiques aux Temps modernes et contemporains*, Paris, PUF, 2013.

- NUOVO (Victor), « Locke, John », in *Encyclopedia of the Enlightenment*, vol. 2, Oxford, Oxford University Press, p. 427-431.

- RENAUT (Alain), *Histoire de la philosophie politique*, Paris, Calmann-Lévy, 1999.

- TREMOLIERES (François), « *Essai sur l'entendement humain*. Livre de John Locke », in *Universalis.fr*, consulté le 22 août 2015. http://www.universalis.fr/encyclopedie/essai-sur-l-entendement-humain/

SOURCES COMPLÉMENTAIRES

- BRABANDERE (Luc de) et DEPREZ (Stanislas), « Libéralisme versus Capitalisme », in *La Libre Belgique*, 3 janvier 2012, p. 46-47.

- BRYKMAN (Geneviève), *Locke. Idées, langage et connaissance*, Paris, Ellipses, 2001.

- CHATELET (François), DUHAMEL (Olivier) et PISIER (Évelyne), *Dictionnaire des œuvres politiques*, Paris, PUF, 2001.

- FONBAUSTIER (Laurent), John Locke : le droit avant l'État, Paris, Michalon, 2004.

- « La Révolution française. Dix années qui ont changé le monde », in *Les Collections de l'histoire*, n° 60, juillet 2013.

- PARMENTIER (Marc), *Introduction à l'Essai sur l'entendement humain de Locke*, Paris, PUF, 1999.

- PARMENTIER (Marc), *Le vocabulaire de Locke*, Paris, Ellipses, 2001.

- SPITZ (Jean-Fabien), *John Locke et les fondements de la liberté moderne*, Paris, PUF, 2001.

BÂTIMENT COMMÉMORATIF

- Tombe de John Locke dans le cimetière de High Laver (Royaume-Uni).

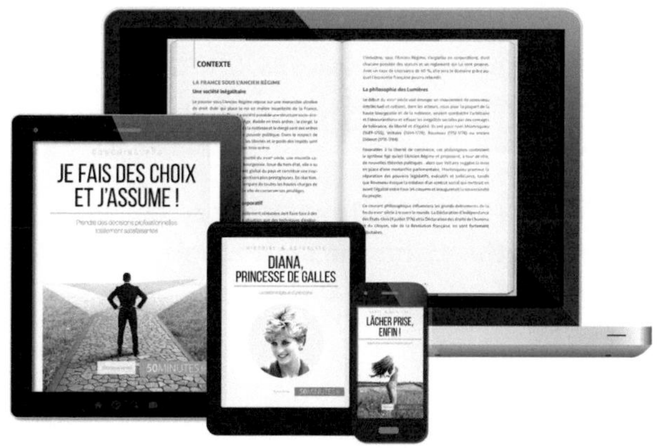

ISBN ebook : 978-2-8062-7166-2
ISBN papier : 978-2-8062-7167-9
Dépôt légal : D/2015/12603/513
Photo de couverture : *John Locke*, par J. Smith © Wellcome Library (London). L'image reproduite est réputée libre de droits

Conception numérique : Primento,
le partenaire numérique des éditeurs